Síndrome do PÂNICO

Psiquiatria com abordagem integrativa

Cyro Masci

Síndrome do PÂNICO

Psiquiatria com abordagem integrativa

Cyro Masci

SATTVA EDITORA

2020

SATTVA EDITORA

contato@sattvaeditora.com.br
www.sattvaeditora.com.br

Edição: **Vivian Lerner**

Projeto gráfico, diagramação e capa: **Adriane Angelis**

Revisão: **Olenka Franco**

Síndrome do Pânico
Psiquiatria com abordagem integrativa

Dados Internacionais de Catalogação na Publicação (CIP)
Agência Brasileira do ISBN - Bibliotecária Priscila Pena Machado CRB-7/6971

M395 Masci, Cyro.
Síndrome do pânico : psiquiatria com abordagem integrativa / Cyro Masci. — São Paulo : Sattva, 2019.
88 p. ; 21 cm.

Inclui bibliografia.
ISBN 978-85-67977-40-9

1. Síndrome do pânico. 2. Terapia do comportamento. 3. Fobias. 4. Transtornos mentais - Psiquiatria. I. Título.

CDD 616.8522

ADVERTÊNCIA

Este livro deve ser utilizado como referência, não como substituto de avaliação ou tratamento médico.

Seus fins são estritamente educativos. Sempre que suspeitar de doença, procure um médico.

Para minhas filhas Aimée e Paola.

SUMÁRIO

Segunda Parte

INTRODUÇÃO

QUEM ESCREVE?

Sou médico qualificado como especialista em Psiquiatria. Essa é a especialidade na medicina que pesquisa e aplica diversas formas de tratamento, muitas vezes em colaboração com profissionais de outras áreas, para o alívio do sofrimento e a promoção do bem-estar psíquico, da mente humana, o que inclui a Síndrome do Pânico (SP).

E atuo com Medicina Integrativa, que une os melhores aspectos da medicina convencional com outras formas não convencionais de tratamento.

Perceba então que não rejeito, de modo algum, a abordagem convencional.

Prefiro, sempre que possível, iniciar o tratamento com a abordagem com medicamentos de menos efeitos colaterais. E, mesmo quando isso não é possível, procuro adotar uma série de medidas para ao menos reduzir a quantidade de medicamentos utilizados.

SÍNDROME DO PÂNICO COM ABORDAGEM INTEGRATIVA

Vou abordar a Síndrome (ou Transtorno) do Pânico sob a ótica da Medicina Integrativa, que procura unir o melhor da medicina tradicional com as formas não tradicionais, desde que existam evidências de que atuam com eficácia e segurança.

A Medicina Integrativa tem uma longa história. Durante muito tempo as abordagens médicas foram divididas entre as Convencionais e as chamadas Alternativas. O termo sugere que você deveria escolher entre uma e outra, como se fossem inimigas, o que não é nem verdadeiro, nem útil.

Com o tempo, as abordagens Alternativas passaram a ser chamadas de Complementares. O termo então passou a sugerir que as outras formas de tratamento não convencionais complementariam o tratamento convencional. A denominação estava melhorando, mas ainda não refletia o que estava prestes a acontecer.

As abordagens não convencionais passaram a ser estudadas com rigor técnico e metodologia científica, o que aumentou sua segurança e garantia de eficácia. Aí então passaram a ser denominada de Medicina Integrativa, já que associam, literalmente integram a medicina convencional com outras formas de tratamento.

E é nesse momento que nos encontramos. E é essa abordagem que utilizo.

No meu entender, o objetivo da abordagem integrativa é favorecer o funcionamento do cérebro com medidas menos agressivas e de menos efeitos colaterais sempre que for possível. E também, modificar os padrões de pensamento, alterar essas áreas cerebrais de uma ou outra maneira associada.

Muitas pessoas ou não desejam, ou têm algum tipo de restrição ao tratamento estritamente alopático. Possivelmente, essas serão as mais beneficiadas com a abordagem integrativa.

Já outras pessoas fazem uso do tratamento estritamente convencional e apreciam os resultados, mas mesmo essas podem se beneficiar de algumas abordagens que fogem ao padrão habitual.

De modo geral, enquanto a abordagem convencional ataca diretamente uma doença específica, outras formas não convencionais buscam fortalecer o indivíduo como um todo. Quando uma doença encontra um corpo e uma mente fortalecidos, terá mais dificuldade em se estabelecer. Por isso a sabedoria de integrar as duas abordagens.

Embora alguns médicos ainda tenham restrição à Medicina Integrativa, seja por desconhecimento, seja por preconceito, ela está sendo progressivamente incorporada no arsenal de intervenções que os médicos podem contar para auxiliar seus pacientes.

Ao término deste livro você encontrará várias referências bibliográficas e fontes de consulta que demonstram a solidez científica da Medicina Integrativa.

Para facilitar a consulta do leitor, vou dividir as possibilidades de tratamento em duas partes, a primeira dedicada ao tratamento convencional, e a segunda descrevendo as potencialidades de abordagens não convencionais.

O que não pode ser perdido de vista é que, se o Sistema de Resposta a Ameaças desregulou, tem o potencial de ser novamente regulado. Se não for possível regular totalmente, ao menos de modo que as crises sejam de menor intensidade, que os intervalos entre essas crises sejam cada vez mais espaçados, e que a recuperação seja melhor. Esses são os grandes objetivos do tratamento da SP.

O que realmente importa é o fato de que quanto maior o leque de alternativas seguras e comprovadas no tratamento, melhor para o paciente.

A QUEM INTERESSA?

Este livro foi escrito para quem sofre da Síndrome (ou Transtorno) do Pânico (SP) e para familiares e amigos que participam de algum modo dessa realidade.

Na verdade, a denominação correta desse problema é Transtorno de Pânico (TP), mas vou utilizar a denominação Síndrome do Pânico (SP) que é mais popularizada, e também porque este livro não foi escrito para os profissionais da área, mas sim para quem enfrenta o problema.

Procurei ser o mais **prático e objetivo** possível, como se eu estivesse orientando um dos meus muitos pacientes ou seus familiares, o que venho fazendo há mais de três décadas. Ele contém um mínimo de teoria e um máximo de dicas práticas para quem enfrenta o problema.

Meu objetivo é fornecer informações relevantes para reduzir as dificuldades de quem sofre com o problema, auxiliar a manter as conquistas de quem já se encontra em tratamento, e também aumentar os recursos a serem utilizados para aqueles que desejam dificultar as recaídas e recidivas da Síndrome do Pânico.

Quem sofre da SP encontra-se preso num labirinto em que a saída parece impossível, o que não é verdade. A saída existe, e mostrar o caminho que liberta da situação é o objetivo deste livro.

Na primeira parte, você irá conhecer como é formado o labirinto do pânico, e na segunda, como sair dessa enrascada.

Naturalmente **nenhum livro substitui o tratamento médico**, e este não é exceção.

Suas orientações devem ser adaptadas a cada pessoa, já que cada um de nós é único em seu modo de sentir, pensar, agir e reagir.

PRIMEIRA PARTE

O QUE É E QUAL A ORIGEM DA SÍNDROME DO PÂNICO

O QUE É SÍNDROME (OU TRANSTORNO) DO PÂNICO

Existem muitas teorias sobre a origem da SP, e uma que me parece mais promissora e prática diz ser o transtorno decorrente de uma mudança em um dos nossos sistemas de auto ajuste, de auto regulação, o Sistema de Resposta a Ameaças, que é o nosso sistema de alarme a perigos, um sensor de situações ameaçadoras que fica no cérebro.

Mas antes de falar sobre esse sensor, é importante saber como nosso cérebro funciona, pois nele o problema foi formado, e é nele que está a solução.

Nosso cérebro foi sendo formado aos poucos, seguindo o processo de evolução de todos os seres vivos. É como se fosse uma casa que foi ganhando "puxadinhos" para atender às necessidades que foram surgindo.

Na prática, e para o que nos interessa, vou destacar duas grandes partes, uma delas mais básica, e a outra mais sofisticada.

A primeira parte do cérebro surgiu para atender às necessidades de sobrevivência e exigia poucas funções essenciais. Por exemplo, colocar o corpo em movimento para buscar alimento e também disparar um alarme de emergência diante de perigos no ambiente, como fugir de outros animais para não virar comida.

Com o tempo, novas necessidades foram surgindo. Por exemplo, a convivência social, a comunicação, ou a construção de ferramentas. Essas novas necessidades fizeram aparecer uma nova região no cérebro, mais sofisticada que a primeira, para dar conta do recado.

Claro que o sistema é muitíssimo mais sofisticado que isso, mas estou resumindo para facilitar a compreensão da Síndrome do Pânico.

É na primeira parte do cérebro, especialmente numa região chamada de Sistema Límbico, que a Síndrome do Pânico acontece.

Nossos sistemas de ajustes

Todos nós possuímos sistemas de ajuste ao que acontece ao nosso redor.

Por exemplo, se a temperatura do meio ambiente cair, vários sensores irão perceber a queda na temperatura, informar ao cérebro, e gerar a sensação de frio.

Ou o inverso, se a temperatura aumentar, seu cérebro será avisado, gerando a sensação de calor.

O objetivo é tornar você consciente do que está acontecendo para que adote medidas adequadas, no frio se agasalhando, no calor procurando áreas com sombra.

Ou então uma situação corriqueira. Você dá um tropicão numa pedra. O organismo detecta o acidente e a lesão no dedão do pé. O que você irá perceber, sentir, é dor. A vantagem da dor é que ela nos leva a evitar aquilo que a causou, olhando para o chão e prestando mais atenção nas pedras, por exemplo.

Esses são exemplos de sistemas de ajuste do organismo.

Existe um sistema de ajuste específico para ameaças, localizado no cérebro, que percebe e nos avisa se existem perigos.

Ele é denominado Sistema de Resposta a Ameaças, e muitas vezes vou chamá-lo de SRA. Ele é um alarme contra perigos que, como veremos, pode auxiliar ou nos atrapalhar.

Vamos ver como o SRA funciona. Se você estiver andando por uma rua escura e perceber um vulto desconhecido, esse sistema irá disparar para que você adote medidas defensivas, como acelerar o passo ou procurar um lugar com mais pessoas.

Essa reação de emergência é comum a todos, é automática e muito rápida. Outro exemplo: se alguém estiver atravessando a rua e ouvir um ruído de carro em alta velocidade, não vai ficar pensando muito, vai provavelmente tentar sair correndo daquela situação. O sistema salva a vida!

Quando o SRP entra em ação, nosso cérebro recebe essa informação e uma sensação é formada. Essa sensação, tecnicamente chamada de percepção subjetiva, pode assumir muitas formas, como medo, susto, preocupação ou ansiedade. Quando essa reação é muito forte, o que sentimos assume a forma de pânico.

Então, e para resumir, e de modo bem simplificado, a reação de pânico é o que sentimos, o que percebemos, quando nosso Sistema de Resposta a Ameaças está funcionando em seu modo máximo.

Falhas nos sistemas de ajustes

Compreenda: todos os sistemas que regulam e ajustam nosso organismo podem falhar. Você já deve ter conhecido pessoas que sentem mais frio que a média das pessoas. Ou outros que parecem sentir mais calor.

É bem possível que os sistemas controladores da sensação da temperatura estejam desregulados. Ou pessoas que sentem mais dor que as outras pessoas, por pequenos motivos ou de modo exagerado. Provavelmente o sistema de ajuste à dor está falhando.

O mesmo pode acontecer com o SRA, o Sistema de Resposta a Ameaças.

Ele pode reagir de modo exagerado em situações que a maioria das pessoas não percebe como tão ameaçador, ou pode ser enganado pelas circunstâncias.

Imagine, por exemplo, que uma pessoa no escuro e no meio do mato vê alguma coisa comprida e roliça, imagina ser uma cobra e sai correndo. Só mais tarde percebe que era um pedaço de mangueira. A imagem inicial enganou o cérebro e fez o SRP entrar em funcionamento.

Quando esse sistema fica desregulado e mantém o organismo em estado de alerta constante, o que sentimos habitualmente é chamado de ansiedade. E quando esse sistema fica desregulado e gera picos, episódios de um estado de alerta máximo, o que sentimos é pânico.

Como o Sistema de Resposta a Ameaças desregula

Como outros sistemas que mantém o equilíbrio do organismo, o SRA também pode desregular. E uma das maneiras dele sair do funcionamento normal é por excesso de estímulos.

Por exemplo, quando uma pessoa teve esse sistema acionado diversas vezes na infância, seja por excesso de situações traumáticas ou estressantes, e também por situações em que ela não tinha controle.

Outro exemplo, vamos imaginar uma criança que possuía um dos pais dependentes do álcool ou com alguma doença psiquiátrica mais grave. Essa criança nunca sabia exatamente o que esperar das próximas horas. Assim seu Sistema de Respostas a Ameaças, nosso alarme a perigos, foi bombardeado com essa expectativa e acabou desregulando.

A genética também contribui, mas até o momento a ciência não sabe exatamente qual gene está alterado.

ALGUNS DADOS ESSENCIAIS SOBRE A SÍNDROME DO PÂNICO

A Síndrome do Pânico, ou Transtorno de Pânico, afeta aproximadamente entre 2% a 4 % da população mundial e tem um pico entre os 20 e 24 anos. Normalmente acomete pessoas acima dos 14 anos, sendo bastante rara na terceira idade.

Cada crise de pânico atinge seu máximo rapidamente, digamos em 2 ou 3 minutos, e dura entre 10 e 30 minutos, a maioria das crises dura, no máximo, entre 15 e 20 minutos, não mais que isso.

Mais ou menos 4 em cada 10 pessoas que sofrem do problema podem ter essa crise durante o sono, o que também é muito assustador.

Ela também tem um potencial de ser acompanhada por outros transtornos psiquiátricos, como a depressão, a ansiedade generalizada, as fobias e até mesmo dependência química, já que pode ocorrer um aumento do consumo de álcool para tentar aliviar os sintomas.

A SP compromete de maneira bastante séria a vida social, a vida profissional e os relacionamentos afetivos, levando, com frequência, ao que chamamos de desabilitação, com perda importante da qualidade de vida, autonomia e capacidade de traçar seu próprio caminho.

Sem tratamento adequado, dificilmente a SP evolui de maneira satisfatória, há poucas expectativas de cura espontânea.

A notícia boa é que a Síndrome do Pânico tem tratamento, várias abordagens são bastante eficazes.

COMO É FEITO O DIAGNÓSTICO DA SP

A primeira parte do diagnóstico é descartar algumas doenças que podem provocar crises de pânico eventuais. Existem doenças hormonais, problemas no metabolismo da glicose (como a hipoglicemia), no coração, no pulmão, além do uso de substâncias químicas, que podem desencadear ou favorecer o aparecimento da Síndrome do Pânico. Essas doenças não são de investigação complicada e, uma vez descartadas, é preciso parar com a busca incessante de explicações para doenças e começar um tratamento efetivo para a síndrome do pânico.

É hora de compreender que existe um transtorno psiquiátrico e ele deve receber tratamento adequado.

Cerca de 90% das pessoas que sofrem do Transtorno de Pânico acreditam que têm uma doença física que está gerando os sintomas. E, a partir dessa ideia, começam o que pode ser chamado de "shopping de especialista": uma busca interminável de opiniões de especialistas, procurando uma doença no corpo que justifique os sintomas.

Muitos pacientes atrasam o início do tratamento em busca de alguma doença no corpo, quando o problema está no cérebro. É comum ficar procurando no "Dr. Google" explicações para pequenos sinais e sintomas. O computador, a rede de Internet, é fantástica para fornecer informações, mas essas informações são tão genéricas que qualquer pessoa pode se identificar com o que está lendo e achar que tem um problema quando, na verdade, não existe.

O primeiro passo, portanto, para quem sofre da SP é buscar um médico para esclarecer o diagnóstico. Todo médico é habilitado para tratar de todas as doenças, e assim, a princípio, qualquer médico que se sinta em condições de fazer o diagnóstico e instituir o tratamento pode atuar. Mas o ideal é que o tratamento seja realizado por um psiquiatra, que é o médico especialista em transtornos emocionais.

O psiquiatra pode descartar as causas principais de desencadeamento ou de favorecimento da síndrome do pânico. Não apenas vai conduzir ou orientar a investigação de doenças que possam estar criando uma eventual crise, como também vai investigar de maneira positiva e ativa os sintomas da síndrome do pânico.

O diagnóstico da SP não consiste apenas em excluir doenças que possam gerar as crises. O médico psiquiatra vai buscar ativamente os sinais e sintomas que confirmam a presença desse transtorno, esclarecendo o diagnóstico e propondo alternativas de tratamento.

OS SINTOMAS DA SÍNDROME DO PÂNICO

Em resumo, durante uma crise de Pânico ocorre uma sensação de pavor absoluto, com sensações corporais, emocionais e mudanças no corpo. O primeiro sintoma da SP é o **medo intenso**, um pavor enorme, paralisante, como se a morte fosse acontecer a qualquer momento.

Durante a crise de pânico, os principais sintomas são:

- Pavor imenso;
- Medo de morrer, perder o controle ou ficar louco;
- Sensação de falta de ar, de asfixia;
- Tontura ou vertigem;
- Palpitações, taquicardia, aperto no peito;
- Tremores musculares;
- Enjoo, diarreia;
- Transpiração excessiva, sensações de calor ou suor frio, calafrios;
- Sentir que vai desmaiar, perder os sentidos;
- Formigamento ou agulhadas na pele;
- Boca seca;
- Sensação de perda de controle sobre o próprio corpo, das emoções e dos pensamentos;
- Sensação de irrealidade;
- Sensação de estar afastado do próprio corpo.

Uma característica que distingue a SP de outros transtornos é que esses sintomas são **recorrentes**, a crise acontece de tempos em tempos, ela não **acontece uma única vez ou esporadicamente.**

Outra característica é que essa paúra, esse pavor, **aparece de modo inesperado**, sem aviso prévio.

Os sintomas surgem em situações específicas em mais ou menos metade das vezes, e na outra metade das vezes aparece "do nada": a pessoa está muito bem, ou está simplesmente dormindo, e começa a ter essa reação.

As situações específicas que desencadeiam a crise de pânico são muitas vezes relacionadas a situações em que a pessoa está de algum modo encurralada, sem um lugar fácil para sair. Por exemplo, estar no trânsito, dentro de um metrô, teatro, cinema ou dentro de um avião, principalmente quando as portas se fecham, momento no qual a pessoa não percebe um lugar fácil para sair.

Outras vezes, basta estar fora de casa. O simples fato de sentir que vai ter dificuldade em receber ajuda, se precisar, já pode ser um bom motivo para desencadear uma crise.

O QUE ACONTECE NO MOMENTO DA CRISE DE PÂNICO?

Como muitas pessoas interpretam seus sintomas erroneamente, acredito ser muito interessante entender o motivo desses sintomas ocorrerem.

Quando o SRA, o alarme a situações de perigo, que fica no cérebro, dispara de modo irregular, há uma liberação de vários transmissores químicos, de vários hormônios, entre os quais a adrenalina, um hormônio que coloca em ação vários mecanismos do corpo para nos defender de perigos.

E a partir daí passa a ocorrer uma série de reação em

sequência, uma desencadeando a outra.

Antes de vermos essa sequência de reações, convém saber um pouquinho mais como nosso corpo funciona, e o que o leva a funcionar assim.

Não nascemos com um *manual do proprietário*, como quando você compra um equipamento. A maioria das pessoas não sabe claramente como nosso corpo funciona, e é muito interessante conhecer seu funcionamento para poder atuar de modo eficaz.

Como o Sistema de Respostas a Ameaças funciona

Vou contar uma história, que é a história do desenvolvimento do ser humano, de todos nós.

Nossos ancestrais distantes, que viviam da coleta de alimentos e da caça, estavam num ambiente bastante hostil, como a Savana Africana.

Nossos parentes tinham que enfrentar uma série de perigos, e esses perigos exigiam que o corpo estivesse rapidamente em condições de lutar contra o agressor, fugir da situação perigosa ou fingir que estava morto, na esperança de que o agressor se desinteressasse e fosse embora.

Imagine, por exemplo, um homem lá no meio da selva que, de repente, percebesse que estava cercado de alguns animais muito perigosos.

Assim que o SRA fosse ativado, que o alarme de perigos fosse desencadeado, várias mudanças começavam a ocorrer no seu corpo. Uma das primeiras mudanças seria seu coração começar a bater mais rápido, pois seu corpo iria precisar de mais sangue nos músculos para poder dar conta desse desafio.

Essa é a origem de um dos grandes sintomas que aparecem durante a crise de pânico, que é a taquicardia, a palpitação, a sensação do coração batendo rápido. Na verdade, ocorre para fornecer mais sangue aos músculos para enfrentar o perigo.

Outra reação automática do organismo a qualquer perigo é suar, deixar a pele úmida, porque assim o inimigo potencial tem mais dificuldade em agarrar a pessoa. Eis aí mais um sintoma: a sudorese, o suor excessivo principalmente na palma das mãos e no rosto.

A musculatura também deve estar preparada para lutar ou fugir contra esse agressor, e assim os músculos começam a ficar muito contraídos. Eis o motivo de, durante a crise, ocorrerem tremores e abalos musculares.

A respiração também fica afetada, superficializada, o que pode gerar a sensação de falta de ar ou sufocamento. Essa sensação pode ser confundida com um grande desconforto no peito, como uma dor ou aperto, que muitas vezes é interpretada como se houvesse algum problema no coração, uma doença cardíaca.

Em situações de emergência, o corpo deve priorizar quais órgãos e sistemas precisam receber mais atenção. A digestão, por exemplo, pode ficar para depois, e com isso pode ocorrer náusea, desconforto abdominal, ou até mesmo diarreia.

Também os sensores que detectam os níveis de oxigênio ficam alterados, e assim é muito comum a pessoa começar a sentir tontura, vertigem, sensação de que vai desmaiar, ou sensação de que vai perder os sentidos.

Quem sofre da Síndrome do Pânico também pode começar a sentir ondas de calor ou de frio, além de sensações de formigamento, de anestesia, ou de parestesia, que é a sensação de que a pele está picando sem que se consiga entender o motivo. Na verdade, o sangue da pele foi desviado para órgãos mais vitais como musculatura e coração, e esse é um dos motivos da ocorrência desse tipo de sintoma.

A sensação de medo é tão intensa que pode invadir a própria capacidade de pensamento da pessoa, deixando-a com uma grande sensação de que aquilo não é real, de que a realidade está se destacando, como se ela estivesse em um filme ou num sonho, sintoma que nós chamamos de *desrealização*.

Pode ocorrer também certo distanciamento da pessoa com ela mesma, como se ela estivesse se afastado de si, como se ela estivesse fora do seu próprio corpo. Nós chamamos esses sintomas de *despersonalização*.

Não é à toa que a pessoa, quando está totalmente inundada por essas reações, comece a ter medo de perder o controle ou medo de enlouquecer.

Esses sintomas são realmente muito, muito fortes. Tão fortes que criam um estado de corpo e mente que vai ser recebido e interpretado novamente pelo cérebro, gerando novas reações de alarme, fechando um ciclo vicioso.

O CICLO VICIOSO DA SÍNDROME DO PÂNICO

Como se não bastasse o extremo desconforto com os sintomas, eles estimulam mais uma vez o SRA, nosso alarme a perigos, criando um ciclo vicioso cada vez mais crescente.

Se você leu o parágrafo anterior com atenção, já percebeu uma armadilha no nosso cérebro. O Sistema de Resposta a Ameaças desencadeia uma série de mecanismos para enfrentar uma ameaça que, ou não existe, ou não tem a gravidade que o cérebro "acha" que tem. Esses mecanismos de resposta são percebidos novamente pelo mesmo cérebro, que mais uma vez aciona, ou melhor, aumenta a Resposta a Ameaças, gerando mais e mais sintomas, formando uma armadilha muito difícil de sair com os próprios recursos, sem auxílio externo.

E não apenas isso. Quem sofre do problema passa a adotar comportamentos para evitar os sintomas. Por exemplo, deixando de ir muito longe de casa, onde o socorro em caso de crise seria mais difícil. Ou evitando lugares fechados, onde seria mais complicado fugir, como aviões, teatros ou centros de compra.

A consequência é que quem sofre da SP vai limitando e empobrecendo sua vida social e de trabalho cada vez mais. E sentindo-se cada vez mais vulnerável, sem controle, ansioso. O que gera, você já pode adivinhar, uma nova condição que estimula o SRA, fechando mais ainda o ciclo vicioso.

E o ciclo vai se fechando mais ainda, pois quem sofre da SP costuma desenvolver a chamada Ansiedade Antecipatória, ou seja uma "pré-ocupação", uma ocupação antecipada de que esses sintomas possam vir a acontecer, e o que a pessoa pode fazer a seguir. Em resumo, a pessoa fica em estado de atenção constante, com grande ansiedade.

Para quem já está com o sistema de alarme desregulado, a ansiedade antecipatória estimula mais ainda o estado de permanecer em alerta, como se fosse um radar que tentasse ficar o tempo todo à procura de sinais de perigo. Essa grande preocupação aparece em relação ao ambiente, mas principalmente em relação ao próprio corpo, a qualquer sinal e sintoma. Qualquer mudança no corpo já pode ser interpretada como: "epa, a crise está vindo!".

Vamos comparar as reações de uma pessoa que sofre da SP, com outra sem o problema. Imagine, por exemplo, alguém que teve uma noite ruim de sono. No dia seguinte, ela está um pouco cansada, pode sentir uma discreta tontura e pensa: "poxa vida, eu dormi mal, preciso ir para casa e dormir mais cedo, preciso descansar". Essa é uma reação considerada normal.

Já quem sofre da SP interpreta as sensações corporais como o início de uma catástrofe, pensando, por exemplo, que "a 'coisa' está vindo, e eu vou morrer!"

Esse pensamento de "eu vou morrer" funciona como um sinal fortíssimo no sistema de alarme que, insisto, está desregulado, podendo desencadear uma crise de pânico.

É como se fosse um radar que fica procurando em todos os lugares, em todas as situações, em todas as sensações corporais os menores indícios de perigo eminente. A consequência é que muitos portadores da SP permanecem em alerta constante, com agitação interna ou externa.

O QUE MUITAS PESSOAS FAZEM PARA ENFRENTAR AS CRISES SEM TRATAMENTO?

Todos nós temos a necessidade de explicar os eventos e fatos que acontecem na vida, procuramos uma razão lógica para eles e o mesmo acontece na SP.

Essa necessidade aparece com muita clareza nas pessoas que tem crises desencadeadas sem motivo algum, "do nada". Na verdade, em metade dos portadores, ela acontece sem motivo algum.

Vamos imaginar que uma pessoa tenha uma crise de pânico, por exemplo, num shopping center. Mesmo não existindo nenhum motivo racional para isso, nosso corpo tem a tendência a vincular a situação aos sintomas, e a partir daí há grande chance de ela criar um medo de entrar em centros de compra. Pronto, uma fobia foi formada. O mesmo pode acontecer num avião, num cinema ou no trânsito.

O mecanismo da formação de uma fobia é mais ou menos assim:

1. Em um primeiro momento ocorrem os sintomas corporais, sem nenhuma participação dos mecanismos racionais do cérebro;

2. Esses sintomas enviam uma mensagem errada, mas poderosa, ao cérebro de que existe um perigo ali, naquela situação, e o cérebro interpreta com algo ameaçador acontecendo;

3. Essa interpretação de ameaça desencadeia o funcionamento do nosso alarme a perigos, nosso Sistema de Resposta a Ameaças;

4. Essa interpretação do cérebro fica vinculada ao lugar onde ocorreram os sintomas;

5. A partir daí, o cérebro encara o lugar onde ocorreram os sintomas como sendo perigoso;

6. Como o sistema de alarme a perigos do cérebro está desregulado, ele passa a disparar sempre que a pessoa estiver na situação onde ocorreram os sintomas;

7. E a cada vez que esse alarme é disparado, confirma, erroneamente, que aquele local ou situação oferece perigo, cristalizando, solidificando o problema.

A partir desse momento, é como se a pessoa estivesse presa numa teia criada pelas armadilhas do cérebro.

Em consequência da fobia, a pessoa passa a evitar a qualquer custo a situação em que ocorreu a crise, desenvolvendo o que chamamos de "evitação fóbica".

E, muitas vezes, quem padece da SP não evita apenas o local original, como o shopping center do nosso exemplo. O medo pode se expandir para todo e qualquer lugar em que a saída seja difícil, como aviões, teatros, cinemas ou trânsito congestionado.

Essa contramedida, esse comportamento de evitação fóbica pode acalmar durante certo tempo, mas o sistema de alarme continua desregulado e pode criar novas conexões de perigo em outros lugares.

Além disso, muitos começam a duvidar da sua própria capacidade para enfrentar as crises por conta própria, pensando algo como "será que eu dou conta de isso tudo sozinho?". Para muitos, a conclusão é de que o melhor é não ficar sem companhia.

E assim um novo comportamento aparece na forma do desejo de estar sempre com algumas pessoas conhecidas por perto. Ter alguém ao redor tranquiliza, nem que seja pedir para uma criança de seis, oito anos de idade estar por perto, porque é a presença de alguém que dá segurança.

Outras pessoas, por exemplo, desenvolvem o hábito de ficar sempre perto do celular, porque se alguma coisa acontecer ela consegue ligar e pedir socorro.

Lugares cheios, ainda que abertos, como ruas ou uma praça que tenha muita gente, também podem ser um problema.

Esse é um fenômeno bem conhecido dos médicos. Há séculos foi chamado de Agorafobia, que significa, literalmente, Medo das Ágoras, que era o local de reuniões públicas com muitas pessoas e em local aberto na Grécia antiga. A Agorafobia era, originalmente, o medo de não conseguir escapar do local em caso de crise.

Atualmente o termo Agorafobia é utilizado não apenas para lugares com multidão, mas para todo medo de lugares em que a saída seja mais difícil.

A consequência desse conjunto de ciclos viciosos para quem sofre da SP é passar a restringir mais e mais a sua vida.

SÍNDROME DO PÂNICO EM RESUMO

Vamos relembrar e resumir o que acontece no curso da SP dividindo em alguns fatores. Na verdade, todos eles estão interligados, mas fica mais fácil compreender se dividirmos em fatores isolados.

Fase 1: O SRA é ativado sem motivo algum (50 % dos casos) ou numa situação específica;

Fase 2: Esse alarme prepara o corpo para atacar ou fugir do perigo, mesmo que inexistente ou desproporcional. Essa preparação dá origem a mudanças nas emoções, especialmente um medo intenso, no corpo, como coração acelerado, e no comportamento, como tentar fugir do local onde a crise ocorreu;

Fase 3: Os sinais e sintomas da fase 2 formam um novo estímulo para o sistema de alarme, que é novamente disparado, gerando mais reações, mais sinais e sintomas, o que forma um ciclo vicioso;

Fase 4: Esse ciclo vicioso provoca uma busca por explicação e, ao menos no início, quem padece da SP começa uma peregrinação a médicos em busca de uma doença que explique o mal-estar;

Fase 5: Esse estado de tensão gera uma antecipação dos problemas, a ansiedade antecipatória, e esse estado de tensão provoca estímulo quase constante no alarme de emergências;

Fase 6: A pessoa passa a adotar comportamentos defensivos automáticos, como evitar lugares que possam desencadear a crise ou ficar desacompanhada, dando origem a uma grande restrição na vida de relacionamento, social e profissional.

SEGUNDA PARTE

ABORDAGEM INTEGRATIVA NA SÍNDROME DO PÂNICO

Vou começar descrevendo o tratamento convencional e, em seguida, a abordagem integrativa. Nem sempre a divisão é nítida, e algumas estratégias não convencionais já foram inteiramente incorporadas pela alopatia. Um bom exemplo é a prática de respiração controlada, com origem em práticas orientais, mas se mostrou de tal modo eficaz que é utilizada sem maiores questionamentos pelos médicos que adotam a abordagem estritamente medicamentosa alopática, tradicional.

MEDICAMENTOS ALOPÁTICOS

Inibidores Seletivos de Recaptação de Serotonina (IRSS)

O grupo de medicamentos chamados Inibidores de Recaptação Seletiva de Serotonina (IRSS) foram muito pesquisados, e diversos estudos científicos comprovam a sua eficácia no tratamento da SP.

Os inibidores de recaptação de serotonina mais conhecidos no tratamento do pânico são a paroxetina, a sertralina, o citalopram e o escitalopram. Existem outros, mas esses são os principais.

Eles foram utilizados inicialmente como antidepressivos. Com o tempo, as pesquisas demonstram que o potencial e amplitude de ação é bem maior do que se pensava.

Essa amplitude de ação dos IRSS fica mais bem compreendida se soubermos algumas poucas informações sobre o funcionamento do cérebro.

As células do cérebro têm uma peculiaridade bastante interessante: elas nunca se encontram, sempre existe um espaço entre uma e outra. Então como elas se comunicam? Uma célula lança uma substância química nesse espaço, que atinge a outra célula, e encaixa como se fosse uma chave em uma fechadura. A partir desse momento, ela desencadeia uma reação química e o sistema começa a funcionar, uma célula começa a se comunicar com a outra.

Nossa saúde depende desses transmissores químicos, dos neurotransmissores. E é exatamente nas áreas de alarme a perigos do cérebro que, acredita-se, existe um transmissor químico alterado, a serotonina.

Em situações normais, a serotonina sai de uma célula, encaixa na outra e estimula essa outra célula. Mas não nas pessoas que sofrem do Transtorno de Pânico. Vários estudos científicos indicam que a serotonina deve estar baixa nas regiões de alarme a perigos, nas pessoas que sofrem da SP.

Nessa região do alarme, especialmente a amídala cerebral, em situações normais uma célula lança a serotonina, que se encaixa como uma chave em uma fechadura, estimula a outra célula e volta para ser reaproveitada pela célula que deu origem. Esse reaproveitamento é chamado de recaptação. Nas pessoas que sofrem da SP os níveis de serotonina estão abaixo do normal. Os inibidores seletivos de recaptação de serotonina, como o nome diz, inibem essa volta da serotonina, como se fechasse o ralo de escoamento e assim aumentam a quantidade de serotonina disponível.

E não se trata apenas de aumentar o nível de serotonina. Para compensar a baixa de serotonina, o segundo neurônio, aquele que recebe o transmissor, tenta regular a situação aumentando o número de receptores, o volume de fechaduras para receber a chave que é o transmissor químico.

O que os estudos indicam é que os IRSS não têm apenas como objetivo aumentar os níveis locais do transmissor químico, eles têm também como ação normalizar a situação dos receptores, que eles estejam adequados à nova situação. Não se trata então apenas de aumentar serotonina, mas de normalizar também os receptores da célula que recebe esse neurotransmissor.

Por esse motivo, para que ocorra uma normalização tanto na produção da serotonina quando de seus receptores, os IRSS são utilizados por, no mínimo, 8 a 12 meses. Esse é o prazo estimado para que o equilíbrio nos neurônios se restabeleça. A conclusão imediata é que, uma vez administrados, devem geralmente ser utilizados por no mínimo 8 a 12 meses.

A dose dessa classe de medicamentos também faz diferença, e nunca deve ser alterada sem supervisão médica. Uma das maiores causas de fracasso no tratamento com esse grupo de medicamentos é com pacientes que aumentam a dosagem quando se sentem mal e diminuem a dosagem quando se sentem bem.

Esse grupo de medicamentos, repito, normaliza a situação no cérebro e não pode sofrer flutuação na sua dosagem, somente o seu médico é que vai poder dizer qual é a dose adequada, considerando os seus sintomas.

Os IRSS também não podem ser retirados abruptamente. Quando chega o momento da retirada, é necessária uma programação de redução progressiva, um verdadeiro desmame.

O seu médico vai fazer uma programação de retirada,

com doses cada vez menores, para que você não tenha a chamada de síndrome da descontinuidade, que são sintomas bastante desagradáveis, pela falta do medicamento.

Os benzodiazepínicos (BDZ)

Outro grupo de medicamentos alopáticos utilizado na Síndrome do Pânico são os benzodiazepínicos (BDZ), ou simplesmente diazepínicos. Eles podem ser utilizados de maneira isolada, mas em geral são administrados junto com os IRSS.

Alguns exemplos comuns de benzodiazepínicos são o Alprazolam ou o Clonazepam. Existem muitos outros, mas esses são os mais utilizados.

Os BDZ normalizam uma outra situação química. Nosso sistema de alarme depende de uma outra substância, o Ácido Gama-Aminobutírico, ou simplesmente GABA (Gamma -Aminobutyric Acid).

Os BDZ atuam em outras regiões dos circuitos de neurônios, seu modo de funcionamento é totalmente diferente dos IRSS.

Ao contrário dos inibidores de recaptação de serotonina, os diazepínicos têm um efeito bastante rápido, quase que imediato, e assim não precisam de tanto tempo para atuar. Como nada é perfeito, eles infelizmente também podem durar muito pouco tempo no seu organismo. O seu corpo também pode se habituar, se acostumar com a presença desse remédio e precisar de doses cada vez maiores.

Por isso, são eventualmente utilizados em associação com os inibidores de recaptação de serotonina, tanto para evitar alguns dos efeitos colaterais dos IRSS, quanto para que você tenha uma pausa nos sintomas e possa adotar novos pensamentos, podendo enfrentar a situação de uma maneira mais saudável.

Os diazepínicos atuam na ansiedade, ocupando os receptores químicos que favorecem os mecanismos de inquietação, de pânico, e também tem ação sobre o sono, o que pode ser interessante. Para algumas pessoas, esse sono durante o dia pode ser absolutamente desaconselhável. E para pessoas cuja profissão requeira atenção constante, pilotar avião, por exemplo, ou dirigir o próprio carro, os benzodiazepínicos devem ser administrados com muito cuidado. O que leva, mais uma vez, a reforçar a convicção de serem convenientes outras abordagens que reduzam a necessidade desse grupo de medicamentos.

Eventualmente o seu médico pode dar uma certa elasticidade, uma certa folga na dosagem. Você vai poder aumentar um pouquinho o BDZ quando se sentir mal e diminuir um pouco quando se sentir bem, ao contrário dos inibidores de recaptação de serotonina.

Saber que o BDZ pode acalmar quase imediatamente é um fator muito importante. Para muitos pacientes, basta colocar no bolso e saber que a medicação está lá, que se ele tiver uma crise de pânico vai conseguir colocar um comprimido embaixo da língua, ou tomar algumas gotas do BDZ, e a crise vai ser interrompida ou minorada.

Os BDZ atuam apenas nos sintomas, não nas causas da SP, e são uma forma de muleta muito importante. Mas como qualquer muleta, ela não vai poder ser utilizada pelo resto da vida. É importante realizar o tratamento completo, amplo, integral da pessoa, para que ela não precise de benzodiazepínicos.

Outros medicamentos alopáticos

O seu psiquiatra pode, eventualmente, entrar com outros grupos de medicamentos, como, por exemplo, outros tipos de antidepressivos, ou estabilizadores de humor.

Não estranhe se o seu médico introduzir ou associar outros grupos de medicamentos alopáticos no tratamento da Síndrome do Pânico.

MEDICAMENTOS NÃO ALOPÁTICOS

Fitoterápicos

Existem substâncias não alopáticas que podem ser utilizadas na abordagem integrativa. Esses medicamentos dificilmente substituem totalmente a alopatia, mas têm a grande vantagem de auxiliar o tratamento alopático, especialmente reduzir a necessidade dos diazepínicos.

Um primeiro grupo muito promissor são alguns fitoterápicos. As plantas medicinais são utilizadas há milênios pelos seres humanos, e elas partem do seguinte princípio: as plantas, para se defender de agressores, são obrigadas a fabricar certas substâncias, que podem ser muito úteis aos seres humanos.

Repito que dificilmente os fitoterápicos sozinhos conseguem curar uma síndrome do pânico. A maior parte das vezes eles atuam de maneira complementar, mas têm uma utilidade fantástica. Exemplos de fitoterapias que podem ser úteis, e que merecem mais estudos no tratamento da SP, incluem a Valeriana, a Angelica sinensis ou o Piper methyscum.

Os fitoterápicos geralmente são utilizados pelos médicos na forma de Extrato Seco, as iniciais ES podem aparecer ao lado do medicamento. Essa é uma indicação de que a erva tem uma dosagem padronizada de substâncias ativas. Em outras formas de apresentação, como a infusão ("chá"), podem ocorrer variações na quantidade das substâncias com atividade efetiva, o que dificulta o tratamento e devem ser evitados.

Os fitoterápicos costumam ser utilizados em associação, não isoladamente. O objetivo é fazer uma somatória dessas substâncias, de provocar uma sinergia, um aumento da ação que eles têm.

Um fitoterápico é um medicamento natural, que ocorre na natureza, mas nem por isso isento de cuidados! Por exemplo, a Erva de São João, o Hypericum perforatum, é de venda livre e algumas pessoas podem decidir comprar e fazer uso sem prescrição médica.

Quem está em tratamento do Transtorno de Pânico pode ter problemas fazendo isso. Os inibidores de recaptação de serotonina são eliminados pelo fígado em uma rota de desintoxicação. O Hypericum perforatum, a erva de São João, também é eliminada por essa via, utiliza a mesma rota, e assim concorre com os IRSS alterando seus níveis plasmáticos, alterando a disponibilidade dessa droga para o cérebro, o que pode provocar efeitos bastante indesejáveis.

De maneira geral, não se recomenda o uso da erva de São João junto com inibidores de recaptação de serotonina, a menos, é claro, que o seu médico diga que é possível utilizar.

Na verdade, insisto, todos esses fitoterápicos devem ser utilizados sob supervisão médica. Não é por alguma coisa ser natural, uma simples erva, que pode ser tomada livremente, é sempre importante que seja seguida por um médico.

Homeopáticos e homeopatizados

Outro grupo de medicamentos são formados por diluições sucessivas, ou seja, são ultra diluídos.

A forma mais conhecida de medicamentos diluídos é a

homeopatia, mas existem medicamentos que se valem da ultra diluição e não seguem as teorias da homeopatia tradicional desenvolvida por Samuel Hahnemann no século XVII.

Medicamentos ultra diluídos são utilizados em medicina quando se deseja informar o organismo ou evocar alguma resposta. Um exemplo comum são as vacinas, que não guardam nenhuma semelhança com a homeopatia, mas são também ultra diluições.

Esse grupo de medicamentos é habitualmente formulado em farmácias homeopáticas, e utilizam uma nomenclatura peculiar. Depois de cada nome do medicamento, lê-se CH ou D. CH significa *Centesimal Hahnemanniana* (em homenagem ao médico Samuel Hahnemann, que desenvolveu esse método), e o D significa *decimal*. Essa é a forma que o médico informa ao farmacêutico qual tipo de diluição será utilizada. Outras formas de diluição podem ser utilizadas, como FC, que significa Fluxo Contínuo, ou então K, que significa *Korsakoviano* (seu criador foi o russo Semion Korsakov), mas são menos comuns.

A prescrição também informa o número de vezes que ocorrerá a diluição.

Por exemplo, um medicamento XPTO 7 CH significa que XPTO será diluído uma parte em cem por sete vezes consecutivas. Já um medicamento XYZ 12 D significa XYZ será diluído uma parte em dez por 12 vezes consecutivas. Estes são apenas exemplos para quem não está familiarizado com medicamentos homeopáticos.

Esse grupo de medicamentos pode ser utilizado em conjunto com medicamentos alopáticos sem maiores problemas.

Um equívoco comum: nem a homeopatia e nem outros medicamentos ultra diluídos são do grupo dos florais, os fundamentos são bem diferentes.

Inflamação no cérebro

Uma situação que pode ocorrer tanto na SP como em várias outras condições é a Inflamação Generalizada. O que é isso? Se eu cortar o meu dedo, vai ocorrer uma reação inflamatória localizada, que é muito boa, muito útil para resolver a situação. Os glóbulos brancos vão até o local do corte, o processo de cicatrização acontece, o corte cicatriza e o organismo se recupera.

Mas existem algumas situações em que é como se o corpo não soubesse, por assim dizer, o que está acontecendo e ele inflama como um todo, inclusive o cérebro. Essa é a Inflamação Generalizada, que pode piorar praticamente qualquer doença, inclusive a Síndrome do Pânico.

Várias substâncias, como certos aminoácidos e algumas vitaminas, também possuem atividade anti-inflamatória e podem ser utilizados. Existem alimentos que pioram essa inflamação e alimentos que dificultam essa inflamação generalizada. Uma substância bastante divulgada é o Ômega 3, um óleo geralmente extraído de peixes do mar de águas profundas.

Como a Inflamação Generalizada altera o funcionamento de muitas doenças, inclusive no cérebro, existem estudos, ainda em andamento, mas que são bem promissores sobre a utilização concomitante, nunca como tratamento principal da SP.

Biota intestinal

Uma outra linha de investigação bastante promissora, que também dificilmente vai ocupar o lugar principal no tratamento do pânico, está relacionada aos bichinhos que você tem no intestino, a biota intestinal.

Talvez você ainda encontre referências à biota como flora intestinal. Essa denominação, flora, deve-se a uma crença errônea de que o a biota seja vegetal, ou seja, uma flora. Está sendo abandonada.

E qual a importância da biota? Só para você ter uma ideia, se contarmos o número total de células do corpo humano, teremos algo em torno de 3 a 4 trilhões. Pois bem, 1 trilhão dessas células estão dentro do seu intestino, sendo que 98% não são humanas, são especialmente bactérias e fungos.

Esses microrganismos estão conosco há milênios e influenciam todo o funcionamento do nosso corpo, inclusive o cérebro. Não é à toa que o intestino foi chamado de "segundo cérebro". Várias experiências científicas estão comprovando que existem certos grupos de bacilos intestinais que modificam o comportamento, favorecendo o funcionamento do cérebro ou dificultando o funcionamento desse mesmo cérebro. Então estão sendo conduzidas várias pesquisas no sentido de verificar se a mudança na biota intestinal poderia favorecer o funcionamento do cérebro e dificultar os sintomas do pânico.

Também a intolerância a certos grupos de alimentos pode influenciar no comportamento. Essa é uma nova abordagem bastante promissora na Medicina Integrativa, pesquisar eventuais intolerâncias alimentares, porque elas podem estar influenciando o cérebro.

HÁBITOS DE COMPORTAMENTO E PENSAMENTO

Um hábito é um comportamento que se repete. E um hábito mental é um padrão de pensamentos padronizados.

Você já sabe que a SP é resultado de um funcionamento alterado no SRA, na área de alarme a perigos do cérebro.

Certos comportamentos e hábitos podem facilitar a recuperação desse alarme, enquanto outros podem dificultar a recuperação e o reequilíbrio dessa região do cérebro. É o que veremos agora.

Vou começar pelos comportamentos que possam gerar sobrecarga no sistema de alarme e assim produzir reação a perigos. A intenção é não provocar estímulos desnecessários nas regiões comprometidas pela SP.

Em seguida veremos os comportamentos que podem facilitar o funcionamento do alarme, promovendo sua recuperação.

EVITAR ESTÍMULOS DESNECESSÁRIOS NO SISTEMA DE ALARME.

Ficar muito tempo sem comer. O jejum prolongado

O primeiro efeito desse estímulo prejudicial é a baixa de glicose no sangue, que acontece sempre que se fica muito tempo sem alimentação.

Nosso cérebro tem de 3 a 4 % da massa corporal total, mas consome 20 % das nossas reservas energéticas. E não possui reserva, nem de energia, nem de oxigênio. A reserva é zero, é nula. Se o corpo, por algum motivo, impedir a chegada de glicose e de oxigênio para o cérebro durante 1, 2 minutos, o cérebro começa a morrer, literalmente.

Quando você fica muito tempo sem comer, sem ingerir

calorias, seu organismo dá um jeito de tirar essa energia da gordura e dos músculos. Mas esse é um processo que fornece energia em velocidade mais lenta que a ingestão de alimentos. E o sistema de alarme, desregulado, pode interpretar essa falta de alimento como alguma coisa muito perigosa. Na verdade, qualquer pessoa normal que fique muito tempo sem se alimentar vai gerar uma resposta de inquietação do cérebro, e provavelmente uma sensação, uma percepção subjetiva de que algo está errado, que pode ser de ansiedade e irritabilidade.

Esse é o modo que o cérebro tem de comunicar: "olha, levanta e vai caçar uma zebra, porque você precisa comer, você precisa ter alimento". Isso acontece desde os tempos ancestrais. Como o sistema de alarme está desregulado, o cérebro não pensa, não interpreta assim: "levanta e vai providenciar um sanduíche ou vai almoçar". Ele pensa assim: "olha, eu vou morrer, você vai morrer".

E essa sensação, essa percepção de que o Sistema de Respostas a Ameaças entrou em funcionamento, para quem tem esse sistema de alarme desregulado, mais uma vez, pode desencadear uma crise de pânico. Assim, a primeira sobrecarga que tem que ser evitada em um sistema de alarme que está desregulado é ficar muito tempo sem se alimentar. Quanto tempo? Somente seu médico poderá dizer, para seu organismo, qual é o intervalo máximo, mas na média é de aproximadamente 3 horas. No máximo a cada 3 horas o indivíduo deve comer algum tipo de alimento.

Hábitos de sono

Uma segunda sobrecarga que pode e deve ser administrada é a rotina de sono. Dormir não é uma atividade passiva, em que não acontece nada. Passamos quase um terço da vida dormindo porque é durante o sono que vários mecanismos de restauração do corpo, acontecem, especialmente no cérebro. Se você impedir ou dificultar seu organismo de se restaurar durante o sono, isso vai ser uma grande sobrecarga ao sistema de alarme desregulado.

A quantidade e a qualidade de sono que cada indivíduo deve ter variam de pessoa para pessoa, cada um tem uma necessidade específica, não sendo de exatamente 8 horas, como se diz comumente.

O melhor meio de se saber o número de horas necessárias é verificar o estado geral ao acordar. A pessoa não deve se sentir irritada ou cansada logo pela manhã. O sono deve ser reparador.

Alguns hábitos podem favorecer a qualidade do sono, confira algumas dicas:

• Quando sentir sono, vá para a cama. Se você tentar lutar contra ele, possivelmente irá ganhar...

• Mantenha um horário regular para dormir. Permita que seu organismo desenvolva um ritmo interno apropriado.

• Use 20 a 30 minutos do seu tempo se preparando para dormir. Fale de coisas agradáveis, ouça música suave, leia um livro monótono (e não um que desperte a atenção).

• Se não tiver sono, não fique na cama. Levante e vá fazer coisas não excitantes.

• Se dormiu mal uma noite, não fique dormindo até mais tarde. Não permita que seu organismo inverta a noite com o dia.

• Procure tomar um banho quente, de chuveiro ou banheira, se possível diminuindo a intensidade de luz, usando um abajur ou uma lanterna.

• Exercícios físicos moderados, especialmente os de alongamento, e até 2 horas antes de dormir, podem ajudar.

• Procure usar travesseiro e colchão adequados. O travesseiro deve ser confortável, e o colchão deve possuir uma densidade compatível com seu peso. Lojas de colchões costumam ter tabelas ilustrativas.

• O quarto deve estar escuro, a luz interfere na liberação de melatonina, o hormônio cerebral que leva ao sono. A temperatura deve estar agradável e o quarto o mais silencioso possível. Portanto, esqueça o aparelho de TV no quarto, se você cochilar enquanto assiste algum programa, vai prejudicar o sono. E, se você mora em um local com barulho, pense em investir numa janela acústica, assim como em revestimento nas paredes.

Se, depois de adotar essas medidas, o sono ainda não for satisfatório, é hora de procurar alguma substância química que favoreça. Eu prefiro primeiro tentar com substâncias naturais, como fitoterápicos, homeopatia ou alguns tipos de aminoácido. Se essas medidas não funcionarem, somente então introduzo medicamentos indutores de sono.

Uso de estimulantes e excitantes

Você também deve evitar outra sobrecarga, ingerindo poucos estimulantes químicos que possam desencadear o alarme. O principal estimulante químico que pode desencadear o alarme é a cafeína. E a cafeína não está presente apenas no café. Ela está presente em chás, está presente em refrigerantes, especialmente nos refrigerantes de cola, e devem ser evitados. Eu não disse que você deve suspender totalmente, disse apenas que você deve aumentar o intervalo de ingestão entre essas doses, para que organismo tenha uma chance de se recuperar, de eliminar a cafeína, e que ela seja de baixa quantidade. E, juntando com a rotina de sono, lembrar que dificilmente você vai se dar bem se ingerir cafeína depois das 16h, 17h. Então esse seria o limite que você deveria ingerir cafeína.

E, para reforçar o conceito de que nem tudo que é natural é bom, destaco que um fitoterápico vendido livremente, a ioimbina, e que promete ser estimulante sexual, pode levar a uma excitação do sistema nervoso, facilitando crises. Alguns pesquisadores não recomendam a quem sofre do TP.

O mesmo princípio deve ser adotado com o guaraná, seja em pó, seja em cápsulas. Ele é rico em cafeína e pode prejudicar. Recomendo não utilizar.

Sobrecarga de catástrofes

Existem dois grandes tipos de estímulos que podem facilitar o agravamento da síndrome do pânico. O primeiro deles se chama notícia, jornal, revista, televisão. Faz parte desses meios de comunicação gerar catástrofes, gerar alarmes: "o mundo vai acabar nos próximos 5 minutos". É assim, desencadeando os sistemas de alarme de todas as pessoas, que os veículos de comunicação conseguem, literalmente, sequestrar a atenção. Quando elas estão bastante atentas, tensas, alertas, com toda a atenção na notícia, aparece um comercial.

O modo que muitos meios de comunicação têm, a televisão muito especialmente, de segurar você lá na frente é criar uma sensação de alarme. Nosso cérebro é naturalmente propenso a prestar atenção a sinais de perigo no meio ambiente. E isso é emulado pela TV, pelos jornais, pela revista e até por redes sociais.

Portanto, a recomendação é essa:

Selecione criteriosamente aquilo que vai "entrar na sua cabeça", fazendo, na verdade, um jejum de catástrofes.

O mesmo se aplica a filmes com violência gratuita. Fuja deles. Um trabalho que se tornou clássico demonstrou que pessoas com doença crônica melhoram ao assistir filmes bem-humorados, o que pode ser uma comédia ou um desenho animado. Rir anula a sensação de perigo. Procure assistir esse tipo de filme.

Justiça seja feita, não são apenas os noticiários e filmes que procuram sequestrar sua atenção. Todas as pessoas, seus amigos também, podem tentar despertar ou reter sua atenção com fatos que podem estar acontecendo. É comum as pessoas terem uma conversa assim: "Você viu tal coisa? Você viu o que aconteceu?", e lá vem uma catástrofe, lá vem alguma notícia ruim, lá vem alguma coisa alarmante.

Temos que diferenciar, entre essas informações, se elas são relevantes para a vida ou se são simplesmente curiosidade mórbida. Se você não pode fazer nada a respeito, isso só vai gerar um estímulo de alarme, que é desnecessário, e uma sensação de impotência, porque você não pode fazer nada.

Para quem já está com o sistema de alarme desregulado, isso é muito, muito ruim. Espero que você se convença que é importante selecionar tanto as notícias, fazendo um jejum de catástrofes, quanto de pessoas com conversas alarmantes ou mórbidas, ainda que não tenham a intenção de prejudicá-lo.

É evidente que se você vive de um tipo de informação que pode conter más notícias, você precisa ter acesso a ela. Mas aí restrinja esse aporte de informações negativas, seja de economia ou do meio ambiente, ao que é realmente necessário e retire qualquer tipo de estímulo mórbido, de catástrofe, para que você não estimule desnecessariamente o seu sistema de alarme.

Modo de organizar o tempo

Um outro método bem fácil e muito importante de não estimular sem necessidade seu SRA é o uso do tempo. Muita gente simplesmente não anota o que tem que fazer durante o dia e fica pensando assim o dia inteiro: "Opa! Preciso fazer isso! Puxa vida, esqueci de fazer aquilo! Ai, não posso esquecer de ligar para fulano".

Essa exigência provoca um susto, provoca um estado de alarme, de antecipação, de preocupação que também é absolutamente desnecessário. Você deve evitar usar a memória gerando pequenos sustos durante o dia, por coisas que ela tem que fazer. Qual é o método mais simples, mais fácil de você utilizar o tempo? Como é que você organiza de uma maneira mais eficaz o tempo? Uma cadernetinha, ou o seu celular, em que você, pela manhã ou à noite, escreve tudo que você tem que fazer durante o dia.

E, conforme você vai fazendo, você simplesmente vai ticando aquilo que foi feito. Não tente memorizar o que você tem que fazer, use sua memória para fins mais nobres. Anote em um pedaço de papel ou no celular e vá riscando conforme isso vai sendo feito. Isso para que não haja essa antecipação, estimulando desnecessariamente o seu sistema de alarme.

Um aspecto também interessante a acrescentar nesse gerenciamento do tempo é separar aquilo que é importante daquilo que é urgente. Urgente, por exemplo, é que eu preciso comprar o açúcar, porque acabou na minha cozinha, mas isso não é tão importante. Importante são as suas metas, metas de curto, de médio e de longo prazo.

É interessante que você diferencie na sua administração de tempo aquilo

que é importante, daquilo que é urgente e não confunda um com o outro.

Desafios em excesso

Como você vai alcançar as coisas que você quer na sua vida? Uma capacidade humana é transformar as dificuldades em desafios, mas quem está com o sistema de alarme comprometido deve evitar, porque vai ter grande dificuldade em usar esse mecanismo. Na verdade, as dificuldades devem ser reduzidas ao mínimo de desafios. E quando eu digo mínimo, é o mínimo possível mesmo.

Todo mundo é capaz de comer um elefante, desde que corte em pedaços mais digeríveis, mas quem sofre de transtorno de pânico deve cortar em pedaços quase microscópicos, muito, muito, muito pequenos, para que eles não estimulem esse sistema de alarme. O princípio é sempre o mesmo. O truque aqui, então, é interromper a tendência a querer realizar muito em pouco tempo e passar a realizar mais com pequenas ações.

A pergunta que você pode e deve se fazer sempre diante de uma dificuldade, de uma situação qualquer, é: "qual é o pequeno passo que eu posso dar para iniciar a resolução desse problema?". Não é: "como eu vou resolver esse problema?".

Perguntar-se: "que pequeno passo eu posso dar hoje para começar a resolver esse problema?" é uma postura saudável, muito diferente de tentar abocanhar tudo de uma única vez.

Esse princípio funciona na prática. Várias empresas já utilizam essa metodologia, que se chama Kaizen. Um absoluto sucesso, especialmente no Oriente. Grande parte do sucesso de países orientais depois da 2ª Guerra Mundial - as indústrias explodiram, o Japão hoje é um campeão de produção - deve-se a essa metodologia que, curiosamente, não foi desenvolvida no Oriente, mas no Ocidente. Isso, porém, não importa. Depois que ela foi incorporada pelo Oriente, passou a fazer parte da cultura, do modo de ser dessas empresas.

O grande convite é fazer essa pequena pergunta: "que pequeno passo eu devo dar para resolver essa situação?".

Vou dar alguns exemplos. Vamos imaginar que você tenha um problema para sair de casa, tenha medo de sair de casa. "Que pequeno passo eu poderia dar para tentar solucionar esse problema?"

Não é forçar, não é sair andando para ver o que acontece. É ficar, por exemplo, por um minuto, apenas um minuto, no portão da entrada. Isso é mais digerível, isso não assusta ninguém. E o sistema de alarme começa a se acalmar, ele começa a não perceber perigo. Além disso, outra área do cérebro chamada córtex pré-frontal, que adora desafios, adora brincadeiras, começa a se divertir com esse processo, e passa a buscar soluções criativas.

Vamos imaginar outra situação em que um paciente com pânico possa estar evitando, como fazer atividade física.

Muitos pacientes que têm Transtorno de Pânico evitam fazer exercícios físicos, caindo no sedentarismo, porque as sensações corporais durante uma atividade física vigorosa podem ser confundidas pelo cérebro como um sinal de perigo, gerando uma situação de medo, uma situação de pânico.

E como alguém que sofre de TP pode exercitar-se? Resposta: com um pequeno, muito pequeno passo. Por exemplo: saltitar durante um minuto. Um único minuto, ou simplesmente simular uma caminhada parado mesmo, sem sair do lugar, subindo e descendo as pernas durante um único minuto, uma vez ao dia.

O modo como você conversa com você mesmo

O protocolo oficial de tratamento do Transtorno de Pânico recomenda que a abordagem medicamentosa seja acompanhada por psicoterapia. Mas não qualquer uma, a recomendada é a Terapia Comportamental Cognitiva, ou TCC.

Não que outras formas de psicoterapia sejam inúteis, é que esse tipo de tratamento foi exaustivamente testado em uma série de condições psiquiátricas, inclusive no Transtorno de Pânico, mostrando-se muito eficaz. Milhares de terapeutas foram treinados na técnica e a aplicam com sucesso, inclusive no Brasil. Essa é uma forma de psicoterapia breve e focada no problema, em geral limitada inicialmente a 10 sessões.

Essa forma de tratamento foi desenvolvida pelo médico psiquiatra norte americano Dr. Aaron Beck, que acreditava serem vários transtornos emocionais causados, ou agravados, por conceitos irrealistas, por convicções arraigadas sobre a própria pessoa e o mundo. E que era possível alterar essa visão distorcida modificando o diálogo interno, o modo como cada pessoa conversa consigo mesma.

Inicialmente essa psicoterapia era exclusivamente cognitiva, ou seja, focada no diálogo interno de cada um e nas formas distorcidas de pensamento.

Com o tempo a terapia foi enriquecida por estratégias de mudança de comportamento, no modo de agir, independentemente do que o paciente estava pensando.

Unindo as duas abordagens, surgiu a sua forma contemporânea, a Terapia Comportamental Cognitiva - TCC, que utiliza as duas estratégias.

Um exemplo simples talvez deixe mais claro.

Um paciente com SP pode ser ensinado a distrair-se durante os momentos de ansiedade, impedindo que seus pensamentos cheguem ao cérebro como um novo estímulo ao SRA. Ou irá aprender a se expor gradativamente ao que tem medo, em passos pequenos e sucessivos para que o cérebro "aprenda" que aquela situação não é perigosa.

Essas são estratégias de mudança no comportamento, sem que o modo de pensar seja modificado.

Ao mesmo tempo irá aprender a questionar seus pensamentos, por exemplo, de que qualquer pequeno problema é uma catástrofe, irá modificar seus diálogos internos para não catastrofizar seus sintomas, impedindo que esse novo estímulo, criado pelos pensamentos distorcidos, seja interpretado pelo SRA como ameaça, gerando novas crises ou agravando as que já existem. Essas são estratégias de mudança cognitiva, no modo de pensar.

Veremos um pouco mais a respeito, em "Como interromper o ciclo vicioso do pânico".

A TCC muitas vezes mostra sua grande eficácia no pânico secundário, no medo de ter medo. Explico melhor: você agora já sabe que as crises de pânico são formadas no cérebro, que está com seu Sistema de Respostas a Ameaças desregulado, e que várias medidas até aqui descritas podem ser utilizadas para normalizar seu funcionamento.

Você já sabe também que os sintomas das crises são um novo motivo para que o cérebro avalie, erroneamente, a existência de um perigo, gerando um segundo estímulo de perigo, que estou chamando de pânico secundário.

Este livro concentrou-se, até aqui, a explicar como o SRA desregula e como pode ser novamente regulado. Já o segundo estímulo, a interpretação errônea dos sintomas, pode exigir outras medidas, e a TCC tem se mostrado muito eficaz.

Claro que se as crises forem mais espaçadas e também abrandadas, ou deixarem de ocorrer, o segundo estímulo pode deixar de existir e as medidas que sugeri até agora podem ser suficientes.

No entanto, se a interpretação dos sintomas, ou de modo mais amplo, de tudo que acontece na vida da pessoa, continuar sendo avaliada de modo distorcido, a TCC pode chegar a ser imprescindível.

Tratar-se com rudeza

Não importa apenas o conteúdo do que você conversa com você mesmo, lembre-se também da tonalidade de voz e do tipo de palavras que você usa nesses momentos. Todos nós falamos conosco o tempo todo. E quando você usa um tom mais áspero, ainda que "dentro da sua cabeça", um tom de censura, ou um tom de urgência com você mesmo, está estimulando desnecessariamente o seu sistema de alarme.

Aprenda a tratar-se com suavidade, com tranquilidade, com carinho. Isso não é sinal de fraqueza, mas sim de inteligência prática.

Se você tiver dúvida se está fazendo da forma correta, pergunte a você mesmo: "Será que eu falaria assim com um amigo meu em dificuldade? Será que isso iria estimular uma pessoa que estivesse com medo ao meu lado? Será que eu falando desse jeito, nesse tom de voz interna, com esse tipo de palavras, estaria ajudando essa pessoa ou piorando ainda mais o que está acontecendo?"

Aprenda a ser seu melhor amigo, a conversar com compreensão, a falar em um tom de voz suave. Aprenda a se apoiar em você mesmo, mas usando esse grande instrumento que se chama delicadeza. Um ditado popular diz que os anjos voam porque se tratam com leveza. Treine até aprender a agir assim.

Incorpore esses hábitos saudáveis para começar a contrabalançar o sistema de alarme com estímulos positivos que vão favorecer o equilíbrio.

Lembre-se: um hábito é um comportamento que se repete.

Repita um comportamento e ele irá se tornar um hábito.

E agora que você já sabe o que evitar de negativo, é hora de acrescentar estímulos positivos. É o que nós vamos ver no próximo capítulo.

AUMENTAR ESTÍMULOS QUE FACILITAM A NORMALIZAÇÃO DO SISTEMA DE RESPOSTA A AMEAÇAS.

No capítulo anterior você aprendeu a evitar estímulos desnecessários, sobrecargas autoprovocadas, para não sobrecarregar o sistema de alarme, que já está desregulado.

Agora nós vamos ver alguns estímulos saudáveis, algumas coisas que você pode colocar para gerar o contrário, para gerar um estímulo saudável, para que você esvazie essas sobrecargas.

Mantenha-se informado

É isso que você já está fazendo lendo esse livro. Vou repetir: embora existam diversas teorias sobre a origem do TP, me parece bem promissor resumir num conceito simples e fácil de ser visualizado, que é o de um sistema de alarme que desregulou.

Talvez uma nova imagem auxilie. Se o sensor de um ar-condicionado fica desregulado, ele pode aquecer ou esfriar o ambiente em excesso. Se a válvula da descarga do banheiro, que é um sensor, desregular, ela provocar alagamento no seu banheiro. Se os sensores que controlam os níveis de glicose no sangue desregularem, o resultado pode ser o diabetes ou a hipoglicemia. Se os sensores que controlam a pressão arterial funcionarem mal, o resultado pode ser a hipertensão arterial. E se o sensor de perigo no cérebro desregular o resultado pode ser o Transtorno de Pânico.

Quando você se informa sobre a Síndrome do Pânico, ela é menos assustadora, ela é menos fantasmagórica, ela começa a se transformar em apenas um problema. É muito desagradável, mas, atenção! não mata ninguém!!!

Respiração controlada

Uma das medidas mais eficazes que existem só tem como perigo o tédio, porque ela é extraordinariamente fácil de ser feita e pode não ser desafiante para certas pessoas. Nós estamos falando aqui de respiração.

A respiração controlada é uma técnica típica da Medicina

Integrativa, mas se mostrou tão eficaz que já foi incorporada e é utilizada por médicos alopatas, tradicionais, pertencendo ao protocolo oficial de tratamento da SP.

Durante uma crise de pânico, a respiração, sem que a pessoa perceba, está alterada.

Essa modificação provoca alterações na química do sangue, ele se torna mais alcalino. Essa mudança, sozinha, facilita o aparecimento de novas crises, e ajuda a desregular mais ainda o cérebro.

Ao mesmo tempo, uma respiração muito acelerada é mais superficial. Ela não consegue puxar um músculo que divide o tórax e o abdômen, chamado diafragma. Esse músculo, quando distendido, provoca uma reação, ou melhor dizendo, uma contrarreação ao pânico, estimulando uma parte do sistema nervoso autonômico, chamado parassimpático, que também é capaz de reduzir a intensidade das crises de pânico.

Existem três grandes motivos para que você seja um expert e treine uma respiração muito fácil de ser feita. O primeiro é impedir que haja uma modificação na química do sangue, para que ele não fique tão alcalino. O segundo é distender essa musculatura que separa o tórax e o abdômen, chamado diafragma. E o terceiro é que, nos portadores da SP, os receptores de oxigênio estão alterados, não sendo possível contar com esse mecanismo para respirar de modo totalmente automático. É preciso, de tempos em tempos, respirar de modo controlado, consciente, sem esperar que os receptores de oxigênio comandem sozinhos o processo

Como é feita essa respiração? Existem vários métodos, na verdade, existem livros apenas sobre respiração que acalma. O método mais fácil - vou me restringir a esse - é a respiração chamada “2-1-4”. Significa que você vai inspirar pelo nariz lentamente por aproximadamente dois segundos, segurar o ar dentro dos pulmões por aproximadamente um segundo, e colocar o ar para fora lentamente pelo nariz por aproximadamente quatro segundos.

Portanto, inspire em dois segundos, retenha um segundo e elimine em quatro segundos. Inicialmente você pode contar esses segundos, mas algumas pessoas se incomodam em contar esse tempo. Então o truque é, pelo menos, fazer com que a expiração seja sempre o dobro de tempo da inspiração.

É interessante que o ar saia com o dobro do tempo do que entrou.

Essa respiração pode ser praticada diversas vezes durante o dia. Ainda tem a vantagem de poder ser praticada por pouco tempo, não precisa ficar três, cinco, dez minutos respirando desse modo, ao menos inicialmente. Ela já começa a funcionar aos 30 segundos, sendo o ideal um minuto e meio, ao menos.

Ela não exige que você esteja num lugar especial, após um mínimo de treino pode e deve ser realizada enquanto se dirige, durante uma reunião, no cinema, no trânsito, no trabalho, em qualquer lugar.

Algumas pessoas, especialmente durante a crise ou quando muito ansiosas, podem inspirar com força excessiva, e isso deve ser feito delicadamente. Se esse for o seu caso, concentre-se na expiração, no ar que sai, reduzindo a velocidade de saída. Para várias pessoas esse método é mais fácil que controlar tanto a entrada quanto a saída do ar.

Você pode repetir muitas e muitas vezes durante o dia. E aí você vai ficando expert, vai ficando realmente um especialista nessa respiração. E quando os sintomas de pânico começarem, você vai lançar mão, junto com as outras partes do tratamento, desse instrumento, da respiração, dificultando o aparecimento completo, a manifestação completa do alarme.

Junto com essa respiração você pode incluir algumas imagens mentais.

É imprescindível que a respiração seja treinada fora das crises. Assim como ninguém aprende a nadar enquanto está se afogando, você não deve utilizar essa respiração apenas nas crises. Ou melhor, não é interessante que você use essa respiração sem antes ser treinado. Depois que você estiver treinado o bastante, ela é muito eficaz no momento do pânico.

Não confunda *estar* com um problema com *ser problemático.*

Além de conhecer o problema, o que você já está fazendo, pode ajudar muito o modo como você se refere aos problemas de maneira geral e ao pânico de maneira específica. Se disser: "eu sou medroso" ou "eu sou fóbico", você acaba incorporando essa linguagem e ela acaba dominando, talvez dominando a sua pessoa. Já se modificar essa palavra, o termo como você se refere a ela, possivelmente vai facilitar.

Por exemplo, ao invés de você dizer: "eu sou fóbico", você diz: "eu tenho fobia". Você é você, o medo é o medo, a fobia é a fobia. Você é você, o pânico é o pânico. São coisas distintas. O pânico é apenas um alarme que desregulou, procure se convencer desse fato! Ele não é você. Você é muito, mas muito maior do que esse alarme. Você é um todo. Quando você destaca, quando você isola o problema da sua pessoa, fica muito mais fácil de gerenciar.

Crie imagens de tranquilidade

O nosso cérebro não diferencia muito aquilo que está na imaginação daquilo que é real. Será ótimo se você conseguir fechar os olhos por alguns segundos, fizer essa respiração e, ao mesmo tempo, por exemplo, imaginar que está andando por uma praia que você gosta. Qualquer cenário calmo que lhe agrade. Cada pessoa pode descobrir o seu cenário predileto. Não existe um cenário ideal para todo mundo. Pode ser um lugar muito confortável como uma praia, um passeio no campo, ou também um lugar muito seguro. Você pode imaginar que está num local muito bonito e calmo, coberto por uma bolha e que nada de mal pode atingi-lo. A sensação de segurança é o que vai interessar. Quando você tem essa sensação de segurança, a crise de pânico tem menos dificuldade de se instalar.

Você pode também cultivar a lembrança de momentos agradáveis na sua vida. Principalmente quando você se sentia totalmente amparado, totalmente seguro. Repito: seu cérebro não consegue diferenciar muito bem aquilo que é imaginação, daquilo que está acontecendo. E como resultado você obtém todos os efeitos benéficos simplesmente imaginando e respirando.

O princípio aqui é burlar seu cérebro, emitir um estímulo proposital e controlado, de modo a tanto desativar o SRA quanto gerar sensação de controle; a insegurança que a SP provoca já é uma enorme fonte de estímulo ao alarme do cérebro, facilitando crises.

Outro estímulo saudável, que auxilia o seu sistema de alarme a se recuperar, são imagens de tranquilidade, imagens agradáveis, ao contrário de imagens de catástrofe. Por exemplo, você pode escolher colocar no seu computador, protetor de tela ou mesmo apresentação de Power Point, imagens de que você gosta, imagens de natureza.

A ideia é inundar seu cérebro de imagens que tragam tranquilidade, como se dissessem para o alarme: "olha, está tudo certo, não há motivo de preocupação, não há motivo de perigo".

Passar algum tempo observando essas imagens, mergulhando nessas imagens, é muito melhor do que você ficar passivamente diante de uma televisão vendo notícias de catástrofes. Disso, não tenha dúvida. Pense nessas imagens ao mesmo tempo em que pratica as técnicas de respiração ensinadas antes. Quando elas são feitas junto com imagens de paz e tranquilidade, tornam-se muito poderosas.

Essas imagens não precisam ser necessariamente objetivas, como uma fotografia que você coloca no computador. Pode ser lembranças. Se você simplesmente fechar os olhos, respirar um pouco de maneira calma, você pode ir para o que muitos chamam de "lugar de segurança". Nós vamos ver isso mais à frente. Mas quando você inunda a sua mente de imagens boas, positivas, lembranças agradáveis, são todos estímulos, são todas situações que auxiliam a não estimular desnecessariamente o seu sistema de alarme.

Interrompa a tensão que se acumula

Um outro fator que pode ir se acumulando também desnecessariamente são sinais de tensão, por exemplo, tensão muscular. Agora que você está lendo esta frase, perceba como estão seus ombros, por acaso eles estão tensos? Como é que estão seus braços, eles estão tensos? Periodicamente, cheque sinais de tensão nas pernas, nos ombros, na nuca, essas são regiões em que as pessoas ficam mais tensas. Essa tensão normalmente não é percebida e vai se acumulando, se acumulando, ajudando a desregular mais ainda o sistema de alarme.

A estratégia é muito simples e eficaz. Perceba, de tempos em tempos cheque como está o seu estado de musculatura e relaxe. Dê uma ordem para aquela região relaxar. Você ainda pode estirar, fazer um exercício de alongamento, ou contrair propositalmente a musculatura e soltar abruptamente. Isso também ajuda a relaxar.

Atividade física também é interessante, mas muitos pacientes que sofrem de transtorno de pânico têm dificuldade em fazer atividade física, já que alguns sintomas podem aparecer, como o suor, o coração que bate mais rápido, ou ainda a respiração que fica mais curta. O que é absolutamente natural durante a atividade física para qualquer pessoa pode ser interpretado por esse sistema de alarme como alguma coisa muito grave. Como resultado, muitas pessoas passam a evitar atividade física. Qual é a saída? Como disse no capítulo anterior, você deve fazer atividade física, sim, mas progressivamente, em pequenos graus. Não deve fazer uma atividade aeróbica, por exemplo, que pode desencadear sintomas que provocam tanto medo, principalmente na fase aguda.

Depois que a síndrome do pânico estiver controlada, você pode retomar a atividade aeróbica tranquilamente. Mas talvez em uma fase em que esse sistema de alarme esteja muito desregulado, o conveniente é fazer mais exercícios de alongamento, atividades como Tai Chi Chuan, ioga, que ajudam a relaxar.

Já tive vários pacientes com Transtorno de Pânico que, ao fazer um exercício de relaxamento, passaram mal, porque o cérebro está atento a qualquer mudança, e essa mudança significa perigo.

Mesmo a pessoa com sinal bom de relaxamento pode começar a se sentir mal. E aí ela deve abandonar? Não, de modo algum. O truque, lembre-se, é fazer aos poucos. Uma pessoa com transtorno de pânico que resolva praticar meditação, por exemplo, não precisa ficar 20 ou 30 minutos em concentração.

Ou então já tentar praticar 1 hora de ioga, pode ser que o sistema de alarme estranhe a mudança no estado de tensão, interprete erroneamente como um sinal de perigo e a pessoa se sinta mal, principalmente se a crise estiver descontrolada.

Mas quem sofre do TP pode começar uma bela jornada praticando por apenas um minuto, no máximo dois minutos. Não estou exagerando. O tempo deve ser muito curto mesmo! O truque é esse, passo a passo.

O truque é enfrentar toda e qualquer situação, inclusive as que são boas, aos poucos, devagar e progressivamente.

O ponto, que não pode ser perdido de vista, é que o sistema de alarme está desregulado, mesmo os sinais bons, mesmo coisas boas que podem estar acontecendo, podem ser interpretadas como um problema. É paradoxal, mas acontece.

Até o momento, vimos como você pode influenciar de maneira benéfica todas as situações que facilitam os sintomas do transtorno de pânico e que dificultam os mesmos sintomas. Ou seja, tanto os estímulos maléficos quanto os estímulos benéficos que podem estar chegando. Mas depois que esse estímulo chega, benéfico ou não, ele é interpretado pelo corpo.

No próximo capítulo vamos ver como podemos modificar essa interpretação do corpo.

COMO INTERROMPER O CICLO VICIOSO DO PÂNICO

Mesmo com as medidas anteriores, ainda assim é possível que o alarme provoque reações, e que essas reações sejam percebidas como sinais corporais, sintomas mentais e mudanças no comportamento.

Como podemos modificar esses sintomas depois que eles aparecem? Vamos destacar aqui as medidas não medicamentosas. É claro que se você tomar algo que reduza a excitabilidade do cérebro, o que pode ser feito com medicamentos alopáticos ou com medicações mais naturais como a fitoterapia ou homeopatizados, por exemplo, isso vai funcionar.

Agora vamos ver algumas medidas eficazes que não incluem medicamentos.

Desconfie de seus pensamentos

Ao mesmo tempo em que você evita o aparecimento dos sintomas, pode evitar que crenças errôneas sobre esses sintomas se cristalizem, se solidifiquem. Você pode, e deve, modificar o seu padrão de pensamento (veja "O modo como você conversa com você mesmo").

Na verdade, modificar não significa forçar a pensar diferente, o conselho "fique calmo" é de pouca utilidade, na verdade pode até piorar a situação. Já questionar o seu próprio pensamento, agir como um investigador, não acreditar na primeira coisa que passa na sua cabeça tem efeitos excelentes.

A grande característica do pânico é o pensamento em catástrofe, ou pensamento catastrófico, em que o mundo está ruindo aos seus pés.

Se você aprender a questionar os seus pensamentos, essa

sensação de catástrofe começa a se reduzir com o passar do tempo.

O mantra principal do paciente com pânico nessa fase do tratamento é muito simples: "Pânico é ruim, mas não mata, nunca matou ninguém. Pânico é desagradável, mas não causa dano. Pânico é ruim, mas não mata".

Quanto mais você repetir esse mantra, mais vai acabar se convencendo disso, que é a verdade. Ao se convencer de que as sensações podem ser péssimas, mas não matam, que é o alarme de perigos que disparou incorretamente, você irá conseguir interromper a última fase na formação do círculo vicioso do pânico.

Lembre-se de que os sinais e sintomas são um novo acontecimento que chega ao cérebro e aciona o sistema de alarme desregulado. Quando você interrompe essa nova informação esvaziando seu caráter de catástrofe, interrompe a formação do círculo vicioso.

Outro pensamento, ou melhor, outro padrão de pensamento que você deve estar atento, e interromper depois os sintomas aparecerem, é o padrão "e se… ?".

Do tipo, "mas e se... eu vier a morrer? Mas e se... eu tiver realmente um problema cardíaco? Mas e se... eu tiver um tumor na cabeça? Mas e se... eu tiver um pânico e ninguém puder me socorrer?".

Você já sabe desde o capítulo 1 que uma crise típica do pânico dura em torno de 15, no máximo 20 minutos. Depois disso, o organismo toma providências para que essa crise não se alongue. Você também conta com a sua medicação, você conta com outros instrumentos que aprendeu no decorrer deste livro, para reduzir esses sintomas.

Então é o momento de você questionar esse padrão de pensamento "mas, e se…?", e interrompê-lo. Para isso, você pode se distrair, pensar em outra coisa. Procure achar alguma atividade. Pode ser dentro da sua própria mente. Ir para um lugar tranquilo, enquanto faz a respiração, repetindo o que já disse acima.

Enfim, qualquer coisa que distraia a sua atenção nesse momento é muito interessante e muito oportuna.

E se você pensar na probabilidade de ter um infarto, de ter um tumor na cabeça, de ter qualquer outra catástrofe que você venha morrer, faça uma pergunta muito simples: "Há quanto tempo você tem esse transtorno? A probabilidade já se confirmou? Você realmente acabou tendo um infarto do miocárdio? Começou a aparecer um tumor dentro da sua cabeça? Você morreu nas vezes anteriores?".

Não e não. Lembre-se dos seus sucessos no passado! E então perceba que a probabilidade de uma crise de pânico lhe causar um dano real, efetivo, é nula.

Mantenha Cartões de Enfrentamento

Algumas pessoas gostam de andar com anotações no seu celular ou em formato de cartões com as estratégias que eu descrevi nesse livro. Você pode resumir como entender melhor e, no momento em que a crise começar, começar a lê-los. Essa é uma técnica chamada de "cartões de enfrentamento".

Esses cartões, ou notas no seu celular, resumem as estratégias que você pode utilizar.

Como a sensação de medo é muito intensa, fica mais difícil você confiar na memória. Então a sugestão é: não confie na sua memória em momentos de crise! Anote as técnicas que você achou mais interessantes para a sua pessoa e quando os sintomas aparecerem, leia e pratique.

Eu creio que neste momento você já conhece muito bem como funciona a Síndrome do Pânico. Ela não é algo assustador. Ela é um alarme que desregulou. E neste livro, você aprendeu as diversas possibilidades que temos de abordar o problema com resultados bastante interessantes.

Na verdade, o que desejo é oferecer um conjunto de alternativas, não um único caminho, mas um conjunto de alternativas para que cada pessoa, que é única nesse mundo, possa conversar com o seu médico e instituir um plano de tratamento adequado.

O QUE FAZER DURANTE A CRISE DE PÂNICO

O objetivo principal do tratamento é tentar suspender as crises, mas, tanto no início do tratamento quanto eventualmente depois que o quadro clínico estabilizou, podem ocorrer crises.

E o que fazer durante uma crise de pânico?

Algumas medidas podem ajudar. Por exemplo:

1. Reconheça que está tendo um ataque de pânico. Isso significa que você já definiu o que está acontecendo, lembrando que ataque de pânico não mata. É muito desagradável, mas não mata.

2. Respire! Você já viu neste livro a importância da respiração e como praticá-la. Em resumo, respire lentamente pelo nariz, segure um pouco o ar, e solte ou pela boca ou pelo nariz lentamente, se possível no dobro do tempo que o ar entrou.

Importante treinar antes, ninguém vai aprender a nadar quando estiver se afogando!

3. Algumas pessoas podem inspirar com força excessiva, e isso deve ser feito delicadamente. Se esse for o seu caso, concentre-se apenas na expiração, no ar que sai, reduzindo a velocidade de saída. Para várias pessoas esse método é mais fácil que controlar tanto a entrada quanto a saída do ar.

4. Tente ficar isolado. Uma "saída honrosa" é ir ao banheiro. Como a crise dura, em média, 15 minutos, você pode ir respirar no banheiro sem que ninguém perturbe.

5. Procure desviar a atenção dos sintomas. Quanto mais você se preocupar, mas estímulo estará levando ao Sistema de Resposta a Ameaças no cérebro. Você pode tentar um joguinho fácil no celular, observar as paredes ao redor, ou ainda ouvir música, prestando atenção na melodia e não nos sintomas corporais. Essa é a ideia geral: desviar a atenção das sensações do corpo para alguma coisa.

6. Tente movimentar-se. Andar, ainda que no mesmo lugar, pode ser uma excelente estratégia. Exercitar-se ajuda a normalizar a respiração e a desviar a atenção dos sintomas.

7. Faça lembretes das técnicas que podem ser úteis, no momento da crise é difícil lembrar-se delas. Podem ser pequenos cartões com esses lembretes que você mantém por perto.

Algumas pessoas preferem anotar no celular, mas se a crise for de intensidade forte, pode ser difícil manipular o telefone, o melhor são cartões de papel pequeno que você guarda sempre no mesmo lugar.

As dicas acima são genéricas, propositalmente poucas para que possam ser praticadas.

Se você estiver em tratamento, talvez seu médico ou terapeuta possa sugerir outras técnicas baseadas nas suas necessidades individuais.

COMO OS FAMILIARES E AMIGOS PODEM AJUDAR.

Familiares e amigos podem ajudar, e muito, a quem enfrenta esse transtorno.

O primeiro passo informar-se, é reconhecer a SP no que ela realmente é, e este livro, espero, pode esclarecer que a origem é no cérebro, no Sistema de Resposta a Ameaças que todos nós possuímos.

Não é 'frescura', nem 'chilique', e esses e outros termos similares jamais devem ser utilizados. Na verdade, quem se refere ao Pânico com essas e outras barbaridades demonstra sua ignorância sobre a Síndrome do Pânico e, sinceramente, seria bem melhor que ficasse calado. Se não sabe como ajudar, que ao menos não atrapalhe.

E como ajudar? Algumas dicas:

1. Mantenha a calma. Durante a crise, a última coisa que deve acontecer é alguém tornar-se fonte de mais problema, a agitação estimula mais ainda o Sistema de Resposta a Ameaças e piora o quadro.

2. Se estiver em lugar público, procure um lugar mais sossegado, com menos estímulos.

3. Pergunte se a pessoa tem alguma medicação para essas situações. Ajude a administrar.

4. Não adote nenhuma medida de contenção física, nem dê sacudidas, chacoalhões. Não adianta e pode piorar.

5. Leia as sugestões acima, sobre o que fazer durante a crise, a ajude a pessoa a lembrar-se das estratégias.

6. Fale com firmeza, mas de modo gentil e calmo. Se necessário respire junto com a pessoa, ajude a tirar o foco dos sintomas corporais sugerindo, por exemplo, que preste atenção nos seus olhos ou em alguma coisa ao redor, como um objeto de decoração ou outro ponto fixo.

7. Use palavras e expressões simples, como "vai passar já já", "você está em segurança", "respire com calma, muito bem!".

8. Talvez você possa repetir o mantra de quem sofre de Pânico: "pânico é ruim, mas não mata".

É interessante anotar essas e outras medidas que o médico, ou psicoterapeuta, poderá sugerir em cartões de papel. Essa é uma estratégia que tem um nome sugestivo: "cartões de enfrentamento". É disso que se trata, enfrentar os momentos de crise com estratégias pensadas e praticadas antes. Lembre-se, a crise dura poucos minutos e com o tratamento adequado tende a durar cada vez menos, assustando menos.

FINAL

Vou resumir em poucas palavras. Vimos que a síndrome do pânico, ou transtorno de pânico, poderia ser chamada de Síndrome do Sistema de Respostas a Ameaças, nosso alarme de perigos, desregulado.

Vimos que esse alarme está no cérebro e pode desregular. Quando desregulado, pode se manifestar sem motivo algum ou em situações específicas, como em lugares fechados.

Vimos que, quando esse alarme começa a se manifestar,

ele gera sinais e sintomas que preparam o seu organismo para enfrentar um perigo, que embora não seja real, está muito presente para o seu corpo. Essa reação do seu corpo para enfrentar esse perigo são sinais os sintomas do pânico.

E vimos que essa reação, esses sinais e sintomas, se transformam numa nova situação que aciona o alarme a perigos, fechando um ciclo vicioso.

Existem muitas formas de tratar a Síndrome do Pânico, e as pesquisas dizem que o mais promissor é abordar todas as fases desse circuito. Foi isso que vimos neste livro.

Uma pergunta que eu ouço muito dos meus pacientes é: "Síndrome do Pânico tem cura?". Falar em cura, em medicina, é alguma coisa muito, muito complicada. A possibilidade de ter uma recidiva, de ter uma recaída, pode acontecer para qualquer pessoa. Assim, é muito importante ter uma meta realista para o tratamento. Que meta seria essa?

Primeiro: reduzir o número das crises, que elas ocorram em número bem menor do que estão acontecendo.

Segundo: que a intensidade dessas crises seja muito, muito menor do que o paciente vem conhecendo.

Terceiro: que o intervalo de tempo entre essas crises seja cada vez mais espaçado.

Quarto: que a intensidade desses sintomas seja cada vez menor.

O objetivo mais amplo é diminuir as chances de desabilitação social, reduzir a probabilidade de que a pessoa comece a se isolar, tenha uma vida social cada vez mais restrita, interpessoal menos rica.

E que ela possa recuperar a sua capacidade plena de funcionar bem do ponto de vista emocional, do ponto de vista social e profissional.

Ao interromper o círculo vicioso da Síndrome do Pânico, também diminui a chance de que a pessoa desenvolva fobias, desenvolva medos secundários à sua Síndrome do Pânico.

Outro objetivo é dificultar o aparecimento de demais transtornos que estão comumente ligados ao pânico, como a depressão ou a ansiedade generalizada.

E aqui encerro. Parabéns pela sua iniciativa em ler este livro para poder se auxiliar melhor!!!

Sinto-me bem feliz com a possibilidade de que você, a partir de agora, tenha conhecimento de todas as fases, de todo o processo, de muitas possibilidades de tratamento que existem para controle da Síndrome do Pânico.

Espero que você utilize bem essas informações. Que, caso você, um parente ou um amigo sofram de Transtorno de Pânico, as informações que foram expostas aqui sejam realmente úteis.

Um último lembrete: este livro pode sofrer alterações e atualizações. Não quero incomodar você com mensagens indesejadas, e assim, se você desejar receber informações úteis sobre este e outros temas de saúde, inscreva-se no nosso mailing no site www.masci.com.br. Você passará a fazer parte do nosso quadro de leitores e receberá informações e dicas atualizadas.

De todo coração, desejo que você possa ter cada vez mais saúde, cada vez mais qualidade de vida, que possa viver cada vez melhor!

Sinto-me honrado ao tentar lhe ser útil, afinal essa é a meta e a razão da existência de um médico que ama o que faz.

Muito obrigado!!

Cyro Masci

REFERÊNCIAS BIBLIOGRÁFICAS

American Psychiatric Association. Manual Diagnóstico e Estatístico de Transtornos Mentais. DSM-5. Artmed. 2014.

Andrews, Gavin. Panic Disorder and Agoraphobia: Patient Treatment Manual. New York: Cambridge UP, 1996.

Andrews, Gavin. The Treatment of Anxiety Disorders: Clinician Guides and Patient Manuals. Cambridge, UK: Cambridge UP, 2006.

Baldwin, David S. Anxiety Disorders. Basel: Karger, 2013.

Boaz, Noel Thomas. Evolving Health: The Origins of Illness and How the Modern World Is Making Us Sick. New York: Wiley, 2002.

Cohen, Aly, and Vom Saal Frederick S. Integrative Environmental Medicine. New York, NY: Oxford UP, 2017.

Daruna, Jorge H. Introduction to Psychoneuroimmunology. London: Elsevier Academic, 2012.

Greenblatt, James, and Kelly Brogan. Integrative Therapies for Depression: Redefining Models for Assessment, Treatment, and Prevention. Boca Raton: CRC, Taylor & Francis Group, 2016.

Hyland, Michael. The Origins of Health and Disease. Cambridge: Cambridge UP, 2011.

Jongsma, Arthur E., and Jongsma. Adult Psychotherapy Homework Planner, 5th Edition. John Wiley & Sons, 2016.

Kharrazian, Datis. Why Isn't My Brain Working?: A Revolutionary Understanding of Brain Decline and Effective

Strategies to Recover Your Brain's Health. Carlsbad, CA: Elephant, 2013.

Kligler, Benjamin, and Roberta A. Lee. Integrative Medicine: Principles for Practice. New York: McGraw-Hill, Medical Pub. Div., 2004.

Lake, James. Textbook of Integrative Mental Health Care. New York: Thieme, 2007.

LeDoux, Joseph. Anxious. Using the brains to understand and treat fear and anxiety. Penguin Books. 2015.

Mayer, Emeran A. The Mind-gut Connection: How the Hidden Conversation within Our Bodies Impacts Our Mood, Our Choices, and Our Overall Health. New York: HarperWave, 2016.

Micozzi, Marc S. Fundamentals of Complementary and Alternative Medicine. St. Louis, MO: Elsevier, 2015.

Mischoulon, David, and Jerrold F. Rosenbaum. Natural Medications for Psychiatric Disorders: Considering the Alternatives. Philadelphia, Pa.: Lippincott Williams & Wilkins, 2008.

Monti, Daniel A., and Bernard D. Beitman. Integrative Psychiatry. Oxford UP, 2010.

Murray, Michael T. The Encyclopedia of Nutritional Supplements. Rocklin, CA: Prima, 2002.

National Institute of Mental Health. Panic Disorder. 1995.

Parks, Peggy J. Panic Disorder. San Diego, CA: Reference Point, 2013.

Philpott, William H., and Dwight K. Kalita. Brain Allergies: The Psychonutrient and Magnetic Connections. Los Angeles: Keats, 2000.

Rachman, Stanley, and Padmal De Silva. Panic Disorder. Oxford: Oxford U, 2010.

Rakel, David. Integrative Medicine. Philadelphia, PA: Elsevier, 2018.

Root, Benjamin A. Understanding Panic and Other Anxiety Disorders. Jackson: U of Mississippi, 2000.

Shakambet, Damir A. British Homoeopathic Formulary: Compendium of Homoeopathic Medicines with Detailed Description of Functions, Indications, and Dosage. London: Biomedic, 2007.

Smit, Alta. Introduction to Bioregulatory Medicine. Stuttgart: Thieme, 2009.

Stein, Dan J., Eric Hollander, and Barbara Olasov. Rothbaum. Textbook of Anxiety Disorders. Washington, DC: American Psychiatric Pub., 2010.

Wisneski, Leonard A., and Lucy Anderson. The Scientific Basis of Integrative Medicine. Boca Raton: CRC, 2009.

PARA SABER MAIS

Visite o site www.masci.com.br, lá você irá encontrar diversas informações complementares, vídeos, notícias e atualizações deste livro. Você ainda pode deixar um e-mail de contato para receber novidades e atualizações.

SATTVA
EDITORA
contato@sattvaeditora.com.br
www.sattvaeditora.com.br